AF371180

PLAN FINANCIER,

POUR

LA SITUATION ACTUELLE,

PRÉSENTÉ AU CONSEIL MUNICIPAL

DE LA VILLE DE MAREUIL,

Par M. MONTET,

PERCEPTEUR.

PÉRIGUEUX

IMPRIMERIE DUPONT ET Cᵉ, RUE TAILLEFER.

1861

À MESSIEURS

LES

MEMBRES DU CONSEIL MUNICIPAL

DE

LA VILLE DE MAREUIL.

MESSIEURS,

Informé par quelques-uns de vous que, comme les années précédentes, je serais appelé à votre réunion de la session de mai, pour fournir des renseignements sur la situation financière de la commune de Mareuil, j'ai dû préparer cette situation et m'attacher à la rendre aussi claire et aussi simple que possible : je serai heureux si j'y ai réussi.

Voici, messieurs, cette situation telle qu'elle résulte de l'état n° 9 et des chapitres additionnels au budget de 1861 :

L'exercice 1860, clos le 31 mars dernier, fait ressortir un excédant de recettes de............................ 6,705ᶠ 90ᵉ

Les restes à recouvrer du même exercice sont de.   575 30

Les recettes non prévues au budget de 1861, provenant de cessions de terrains faites à divers, s'élèvent à.. 1,768 70

TOTAL des recettes des chapitres additionnels,   9,049ᶠ 90ᵉ

Report............ 9,049ᶠ 90ᶜ

Les restes à payer à la clôture de l'exercice s'élèvent, d'après l'état dressé, à.. .... 276ᶠ 02ᶜ

Les crédits ou portions de crédits non employés et reportés à l'exercice courant pour recevoir leur affectation spéciale, sauf celui de 2,000 fr. destiné à l'agrandissement de la salle d'asile, qui se trouve annulé par les projets dont je vais vous entretenir, montent à.......... 2,296 47

Les crédits supplémentaires que vous venez de voter, s'élèvent à................ 1,151 54

TOTAL des dépenses à payer ou à faire. 3,724ᶠ 03ᶜ   3,724 03

L'excédant des recettes résultant des chapitres additionnels est donc de............................... 5,325 87

Cette somme de 5,325 fr. représente les fonds libres auxquels vous pouvez donner, avec l'approbation de l'autorité supérieure, la destination que vous croirez la plus utile aux intérêts de la commune.

Passant à l'examen de votre budget de 1861, je trouve que ce budget se solde par un excédant de recettes de. 1,503ᶠ 77ᶜ

Mais, en le suivant avec attention dans tous ses

A reporter........ 1,503ᶠ 77ᶜ

Report............ 1,503^f 77^c

chapitres et articles, un article surtout me frappe :
c'est celui de 1,176 fr., inscrit en recette et en dé-
pense pour remboursement d'emprunt, alors que
vous n'en avez pas contracté, et que, si vous y avez
recours, vous restez libres dans le choix de votre
prêteur.

Cet article doit donc, puisqu'il est sans emploi,
augmenter votre excédant de recettes, ci............ 1,176 »

Je trouve encore un article qui restera aussi sans
emploi : c'est le traitement du vicaire, notre vénéré
pasteur, dont vous connaissez tous le désintéresse-
ment, m'ayant dit l'année dernière, et réitéré cette
année, qu'il ne demandait plus rien pour cet objet,
ci... 125 »

Toutes vos dépenses imprévues pouvant large-
ment être couvertes par le crédit de 300 fr. qui
leur est affecté chaque année, on peut arrêter, dès
à présent, votre excédant de recettes à............ 2,804^f 77^c

Vous avez donc, d'une part, un excédant de recettes de
5,325 fr. résultant, tant de l'exercice 1860 que des recettes
non prévues au budget de 1861 ; et, d'autre part, un excédant
de recettes résultant du budget de 1861, s'élevant à 2,804 fr.

En présence de cette brillante situation, je croirais n'avoir

*

rempli ma tâche qu'à demi, si je ne vous mettais sous les yeux tous les avantages qu'à mon point de vue on peut en tirer. Toutefois, pour ne pas abuser de vos moments, je serai aussi bref que le comporte le sujet.

Je dis donc que la situation financière de Mareuil est magnifique ; qu'elle est, sans contredit, une des plus belles du département ; qu'elle vous permet de réaliser immédiatement, sans aggravation de charges, sans augmentation des impôts existants, tous les désirs qu'ont pu former les habitants de Mareuil, depuis sept ans que j'y suis.

En effet, messieurs, cette situation met à votre disposition, grâce à la belle institution du **Crédit foncier de France**, fondé sous les auspices du **gouvernement** et par **l'initiative de l'Empereur**, toutes les ressources nécessaires pour doter Mareuil : d'une maison d'école, d'une mairie, d'un prétoire de justice de paix, d'un logement pour le valet de ville, d'un corps-de-garde, d'un hospice, d'une école pour les filles, d'une salle d'asile, de fontaines, de places publiques élargies, aérées et dégagées de tout ce qui peut y gêner la circulation, et enfin de l'éclairage, si indispensable pendant les longues et noires nuits d'hiver. En un mot, vous pouvez donner à Mareuil tout ce qui lui manque, et vous voyez, par l'énumération que je viens de faire, que tout lui manque.

Je le répète, messieurs, c'est sans aggravation de charges, c'est sans augmentation des impôts existants, que vous pouvez obtenir tous ces précieux avantages auxquels la population aspire depuis si long-temps ; c'est avec vos ressources actuelles, avec les ressources dont vous disposez chaque année. Et cependant, messieurs, les charges locales que vous supportez sont d'autant plus légères, qu'elles ont passé, par leur ancienneté, à l'état de charges ordinaires. Elles remontent à 1854 et doivent durer jusqu'au 1er janvier 1868.

Ce que je vous demande, c'est de les proroger avec le concours des plus imposés ; c'est de proroger un impôt de dix centimes additionnels aux quatre contributions, représentant pour les contribuables depuis 1854, époque de sa création, environ 5 p. % du total de leur avertissement ; c'est enfin de maintenir cet impôt, qui laissera la carte à payer au percepteur telle qu'elle est aujourd'hui.

Je ne vous parlerai pas des bénédictions qu'attireront sur vous tant de bienfaits réalisés comme par enchantement ; j'ai hâte, pour répondre à votre légitime impatience, d'arriver à l'énumération de vos ressources.

Ainsi qu'il est établi plus haut, les fonds libres et sans affectation que font ressortir les chapitres additionnels, s'élèvent à.. 5,325ᶠ

L'excédant de recettes du budget de l'année courante sera de 2,804 fr., et pourra être maintenu à ce chiffre pour les années subséquentes. Or, il résulte de ma correspondance avec monsieur le **Gouverneur**

A reporter............... 5,325ᶠ

Report................. 5,325^f

du **Crédit foncier**, qu'une commune pouvant disposer chaque année, pendant trente ans, d'une somme de 2,700 fr., et l'appliquer au remboursement d'un emprunt fait à cette institution, obtiendrait immédiatement, en numéraire, 41,700 fr.

Votre excédant de 2,804 fr. réduit à 2,700 fr. vaut donc.. 41,700

Mme Gautier, née de Goisson, que son inépuisable bienfaisance a fait surnommer, à si juste titre, la mère des pauvres, a doté la commune, en 1848, d'une maison insuffisante aujourd'hui à sa destination.

Cette maison et son enclos de vingt-six ares, ayant coûté, le 30 mai 1848, 11,500 fr., valent au moins.... 8,000

Désireux de continuer l'œuvre de bien, si dignement commencée par M. et Mme Dureclus, M. Dereix offre à la commune, pour la construction d'un hospice........ 3,000

Total des ressources dont pourrait disposer la commune............. 58,025^f

Avec ces ressources, la commune de Mareuil pourrait réaliser ses projets d'acquisition de l'ancienne maison d'institution secondaire, dont le prix est de............................. 7,700^f

Elle pourrait l'approprier à la destination de maison

A reporter........ 7,700^f

Report............. 7,700^r

d'école, salle de mairie, justice de paix, logement du
valet de ville et corps-de-garde, et faire face aux frais
d'appropriation, évalués par le devis à............. 8,806

Elle pourrait payer les frais d'acquisition d'environ. 1,000^r

Elle pourrait affecter à la construction d'un hospice,
autorisé par décret du 23 mai 1860, ayant sous le
même toit école de filles et salle d'asile.................. 36,000

TOTAL............................... 53,506^r

L'État vient généralement au secours des communes
pour un quart des dépenses de la nature de celles qui
précèdent, mais ne comptons que sur un cinquième pour
ne pas exagérer vos ressources.

Subvention de l'État, à déduire un cinquième........ 10,701

Les dépenses à la charge de la commune sont de.... 42,805

La commune pourrait employer à la construction
d'une fontaine jaillissante, sur l'une de ses places, et à
des bornes-fontaines, pour toutes les parties de la ville,
dont le besoin se fait si vivement sentir.................. 6,000

La fontaine du Bretou, dont vous connaissez la source
abondante, est à 400 mètres de la ville, et ses eaux
n'exigent absolument d'autres travaux, pour arriver,
que la pose à fleur de terre des tuyaux.

A reporter........... 48,805^r

Report................. 48,805ᶠ

Enfin, Mareuil pourrait affecter à l'acquisition de deux maisons qui encombrent la place du Marché, rendent la circulation si difficile et le quartier malsain............ 9,000

TOTAL des dépenses à supporter par la commune, en supposant qu'il ne soit pas accordé de secours pour les deux derniers articles..................................... 57,805ᶠ

Secours de l'État pour la maison d'école, l'hospice et la salle d'asile.. 10,701

TOTAL GÉNÉRAL des dépenses à faire. 68,506ᶠ

En achetant les deux maisons qui encombrent la place du Marché, la commune répondrait, en assainissant et doublant la valeur des maisons du quartier, sans nuire à la valeur des autres, non-seulement aux vœux les plus chers d'un quartier populeux et intéressant, habité principalement par la classe ouvrière, mais encore aux vœux de tous ceux qui fréquentent les marchés hebdomadaires de la ville.

Le chiffre de 9,000 fr. serait certainement plus que suffisant, si la commune mettait à profit l'offre généreuse de M. Némorin Pichon, négociant, qui, dans ces derniers temps, a dit à M. Descourades, juge de paix, membre du conseil municipal, et à moi-même, que si la commune voulait donner une subvention de 1,000 fr., il se chargerait d'acheter, pour la démolir, la maison Saint-Martin. Or, l'autre maison qui, à défaut de vente à l'amiable, pourrait être expropriée pour cause d'utilité publique, a coûté, il y a un an, 6,000 fr.

Je laisse donc 2,000 fr. pour faire face aux frais d'acquisition et à la juste indemnité à payer au propriétaire, le sieur
Bazinette.

Ainsi que vous venez de l'entendre, messieurs, les ressources
dont pourrait disposer la commune s'élèvent à........ 58,025^f
Les dépenses à sa charge, sont de.................... 57,805

Il en résulte un excédant des ressources sur les dépenses de... 220^f

Auquel il convient d'ajouter l'intérêt à 4 p. % des
sommes provenant de l'emprunt qui, ne pouvant être
employées immédiatement, resteraient dans les cais-
ses du Crédit foncier, ci............................... *Mémoire*

Le simple rapprochement que je viens de faire suffira, je
l'espère du moins, messieurs, pour vous convaincre que les
projets que j'ai l'honneur de soumettre à votre examen et à vos
réflexions, ne sont pas une utopie.

Par le seul fait que vous aurez créé une maison d'école, une
mairie, une justice de paix et un logement pour le valet de ville,
vous aurez supprimé à votre budget les dépenses correspon-
dantes, s'élevant à 340 fr.

Cette économie, jointe à l'accroissement de vos recettes, qui
sera la conséquence de vos améliorations, vous permettra de
rentrer en possession de l'éclairage que vous avez perdu depuis
quarante ans.

Je ne terminerai pas, messieurs, sans vous dire qu'en donnant à Mareuil tout ce qu'exigent ses besoins actuels, vous reservez pour les éventualités de l'avenir 10 centimes facultatifs.

La haute protection des premiers magistrats du département et de l'arrondissement, étant acquise d'avance à tous les projets qui ont pour but d'augmenter la prospérité et le bien-être des populations, je désire que cet exposé leur soit soumis, et je serai heureux, messieurs, si, par mon faible concours, uni à votre dévouement, nous pouvons arriver à la réalisation de projets qui, en secondant les vues du **gouvernement**, satisferaient tous les intérêts à la fois.

Mareuil, le 12 mai 1861.

MONTET.

Périgueux, Dupont et Cᵉ —- Jn 61.